AF460267

MGR DE LA LUZERNE

ET

LES ÉTATS GÉNÉRAUX DE 1789

ÉTUDE

LUE A TROYES, A L'ASSEMBLÉE PROVINCIALE DE CHAMPAGNE

à l'occasion du Centenaire de 1789

PAR

HENRI VILLARD

AVOCAT

Chevalier de St-Grégoire-le-Grand et du St-Sépulcre

LANGRES

IMPRIMERIE ET LIBRAIRIE RALLET-BIDEAUD

3, rue de l'Homme-Sauvage, 3

1889

MONSEIGNEUR DE LA LUZERNE

MONSEIGNEUR (1),

MESSIEURS,

1789 ! cette date fatidique éveille à la fois l'attention de l'historien, de l'homme d'Etat et du penseur. Marque-t-elle l'heure d'un monde qui s'écroule ou d'un monde qui commence ? Est-ce la nuit ? Est-ce une aurore ? Ce qui arrive alors a-t-il dans le passé sa raison d'être ou son excuse ? Comment les faits nouveaux s'enchaînent-ils aux faits anciens ? Bien des problèmes ont été posés qui intéressaient la vie même et l'avenir de la France ; ces problèmes ont-ils été résolus ? à quel esprit de vérité, d'illusion ou de vertige obéissaient ceux qui les posaient ? La réalité a-t-elle répondu à leurs espérances ? C'est la condition de toutes les choses humaines que le bien et le mal y soient aux prises ; ici, qui du

(1) Mgr CORTET, Evêque de Troyes.

bien ou du mal a triomphé dans la lutte ? Et, même après un siècle écoulé, peut-on affirmer que la lutte est finie ? Si sage qu'il fût ou qu'il parût à son début, le mouvement de 89 n'a-t-il fait que suivre logiquement sa voie naturelle ou n'en a-t-il pas dévié sous le coup des passions déchaînées ?

L'histoire à la main, on pourrait ajouter bien d'autres questions aussi brûlantes ; et depuis un siècle, depuis le comte de Maistre à M. Taine, les penseurs ne se sont pas épargnés à les poser et à les sonder, pas plus que les hommes d'Etat ou les politiques à en appliquer ou à en esquiver les conséquences.

Je n'ai certes pas la prétention de venir après tant d'autres agiter ces problèmes. Profitant d'un moment d'attention que je demande à votre bienveillance, je désirerais simplement faire comparaître devant vous un homme qui fut à la fois un témoin et un acteur aux premiers jours de la Révolution, acteur irréprochable et témoin autorisé : je veux parler du Cardinal de La Luzerne.

Membre de l'Assemblée des notables en 1787, puis des Etats généraux qu'il devait présider au mois d'août 1789, orateur, penseur, écrivain, Mgr de La Luzerne a d'ailleurs un titre particulier à paraître devant nous : il a été l'évêque d'une grande partie de notre chère province de Champagne, et s'il aimait la France comme un prêtre et comme un fils de ces vieilles races qui fondèrent notre patrie, il avait pour nous, ses diocésains, une affection que son âme d'évêque nous témoigna jusqu'à la tombe, à travers toutes les vicissitudes de sa longue carrière.

Quelques mots préliminaires de biographie auront, je crois, leur utilité.

César-Guillaume, né à Paris le 7 juillet 1738, était le second fils de César-Antoine de La Luzerne. Elisabeth de Lamoignon, sa mère, était la sœur de Chrétien-Guillaume de Lamoignon de Malesherbes, qui devait expier par le martyre l'honneur d'avoir été le défenseur et le dernier ami de Louis XVI.

Il n'avait pas 24 ans quand il fut ordonné prêtre, à Paris, par Mgr Christophe de Beaumont.

Mgr de Beaumont était un de ces prêtres éminents qui sut prendre place dans cette lignée de grands Archevêques dont le siège de Paris reçoit sa gloire.

— « Nous vivons dans un siècle éclairé », disait un jour devant lui je ne sais quel philosophe du temps.

— « Sans doute, répondit l'Archevêque, mais c'est le diable qui tient la bougie. »

Parole profonde et caractéristique qui me paraît trouver naturellement sa place au début de cette étude.

L'abbé de La Luzerne ne devait pas tarder à montrer lui-même qu'il appartenait à l'école de ces hommes en qui l'intelligence et la vertu se prêtent une force mutuelle pour aller jusqu'au bout de leur devoir.

Ce devoir empruntait aux circonstances du temps une difficulté plus grande. La société était attaquée dans sa base par le philosophisme et l'impiété, le pouvoir ruiné dans le respect et l'affection des peuples par son immoralité et sa faiblesse, le gouvernement discrédité par des abus nombreux et criminels. L'Eglise voyait le péril; elle le signalait sans relâche et sans peur, en indiquant aussi le remède; mais sa voix n'était pas écoutée, et les assemblées du clergé de 1765, 1766, 1770, où l'abbé de La Luzerne prit un rôle prépondérant, ne témoignent que trop de ses efforts impuissants à lutter contre le mal, désarmer la haine irréligieuse et irréfléchie des parlements, défendre la liberté des Ordres religieux menacés tous par l'expulsion odieuse des Jésuites, et sauver à la fois l'Eglise, la France et la monarchie.

Le 24 juin 1770, l'abbé de La Luzerne était nommé Evêque de Langres, ce qui lui conférait la dignité de duc et pair de France et la prérogative de porter le sceptre au sacre de nos Rois. Son Chapitre, en annonçant sa venue, ne promettait pas trop en son nom, « quand il disait qu'il serait l'ange tutélaire de son dio« cèse, l'ornement de l'Eglise gallicane et l'appui de « la religion au milieu des périls dont elle est mena« cée. » (1)

Si j'écrivais la vie de Mgr de La Luzerne, j'aurais, en ce moment, à vous montrer avec quel zèle l'Evêque de Langres remplit sa tâche, par quelles œuvres il mérita la reconnaissance et l'admiration que son diocèse lui conserve. Mais je dois franchir d'un mot ces dix-sept années de dévouement pastoral, ne m'arrêtant qu'un instant pour vous signaler le mandement par lequel Mgr de la Luzerne annonçait à ses diocésains la fondation des Frères des Ecoles chrétiennes à Langres, par trois de ses chanoines, dont Didier-Pierre Diderot, le frère du trop fameux encyclopédiste.

«......Religieux instituteurs », disait-il aux Frères, après avoir parlé des enfants « que Jésus honore « d'une affection particulière », nous déposons entre

(1) Mandement du 20 août 1770.

« vos mains nos biens les plus chers et nous vous les « remettons avec confiance, parce que nous sommes « assurés que la culture qu'ils recevront de vous leur « fera rapporter les fruits les plus abondants. Toutes « nos villes rendent témoignage à vos lumières, à votre « expérience, à votre zèle. Partout où vous avez porté « vos pas, vous avez apporté l'ordre, établi la régularité, « partout l'instruction a remplacé l'ignorance, l'appli- « cation et le recueillement ont fait disparaître la dissi- « pation, la discipline a remplacé l'insubordination. « Les mêmes succès vous attendent parmi nous. En de- « venant nos concitoyens, vous serez en même temps « nos bienfaiteurs... »

Evidemment, si Mgr de La Luzerne vivait de nos jours, il aurait, lui aussi, puissamment soutenu la fondation des Ecoles chrétiennes libres, où nous nous efforçons de parer aux nouveaux périls de la patrie en y élevant pour l'avenir de braves chrétiens et de bons français.

Je me hâte de revenir à ce qui doit faire principalement l'objet de cette étude.

Louis XVI, c'est-à-dire la vertu même, est sur le trône. Mais ses deux prédécesseurs lui ont transmis, par leurs fautes, un trop lourd héritage. Dieu et la France « sont en proie » pour me servir de la parole de Bossuet.

— « Ecrasons l'infâme ! » a dit le pontife de l'impiété.

« Du boyau du dernier des prêtres
« Etranglons le dernier des rois ! »

a ajouté Diderot.

Et l'on obéit partout au mot d'ordre.

Vainement l'Eglise réclame, au nom de la pensée divine, contre ces débordements de la pensée humaine. Si les Evêques ont fait la France, comme les abeilles font leur ruche — au témoignage du protestant Gibbon — ils ne pourront, malgré tout leur dévouement, l'empêcher de se détruire et de se précipiter aux abîmes. La voix de Mgr de La Luzerne, démontrant avec autant d'éloquence que de vérité « l'*Excellence de la religion* », ne sera pas écoutée, et c'est à peine si l'échafaud, qui va se dresser bientôt, aura raison des mœurs et de l'incrédulité de ces classes éclairées à qui « le diable tenait la bougie » selon la parole de Mgr de Beaumont.

Donc, en politique comme en religion, tout s'effondrait. Mais si la religion ne meurt que pour ressusciter, pouvait-il en être ainsi de la France et de sa constitution que les abus du pouvoir absolu menaçaient d'une ruine irrémédiable et prochaine ?

C'était le devoir du successeur de soixante rois d'essayer de porter la cognée à la racine de ces abus ; par ses vertus, Louis XVI avait le droit d'espérer qu'il le pourrait encore.

Dans cette espérance, il convoqua la première Assemblée des Notables, en 1767.

L'Evêque de Langres y fut appelé.

La crise était trop grave pour que le patriotisme des Notables suppléât à leur impuissance et désarmât l'opinion publique ameutée encore par l'aveugle résistance du Parlement de Paris. L'Assemblée des Notables n'aboutit pas. On voulait les Etats généraux. Amis et ennemis du pouvoir royal, ceux qui ne désiraient qu'une réforme, ceux qui rêvaient d'une révolution, s'unissaient dans les mêmes clameurs pour en provoquer la réunion.

Dans sa dernière assemblée de 1788, à laquelle assistait Mgr de La Luzerne, le clergé protestait de son dévouement au Roi, de son attachement à la Monarchie, et votait pour la convocation des Etats généraux.

Les Etats généraux furent convoqués par le Roi.

Aux élections des trois Ordres qui eurent lieu dans le baillage de Langres le 12 mars 1789, Mgr de La Luzerne fut choisi à l'unanimité pour être le député du clergé. Grandes étaient son influence et l'autorité dont il jouissait ; on put le constater aussitôt.

Il s'agissait en effet de rédiger les *représentations et doléances* que les trois Ordres devaient avoir *l'honneur d'adresser à sa Majesté*.

Par une exception, peut-être unique, qui témoigne de l'esprit de sagesse et d'union auquel ils obéissaient, les trois Ordres voulurent les réunir dans un *cahier commun*.

« Comme le même sentiment nous animait tous, il « nous a inspirés à tous les mêmes vues. Le zèle du « bien public est le centre commun qui a tout réuni « parmi nous, et auquel se sont rapportées toutes « nos affections, toutes nos idées, toutes nos de- « mandes. »

Ainsi parlaient les trois Ordres par la voix de Mgr de La Luzerne chargé par eux d'exprimer la pensée commune (1).

Il le fit avec le concours de M. Jacques-Marie de Froment, seigneur de Bize, député de la noblesse, dont le nom mérite d'être retenu par l'histoire locale, ainsi que les noms des députés du Tiers-Etat, MM. J.-B.

(1) Cayer commun des trois Ordres du Baillage (*Chez Pierre Defay, imprimeur*, 1789).

Thévenot de Maroise et Claude-Joseph Drevon, tous les deux avocats au baillage de Langres.

Un rapide coup d'œil jeté sur ce cahier commun des trois Ordres nous fera voir ce que pensaient de la situation des hommes droits et sincères, dont la conscience ne s'inspirait que des véritables besoins du pays.

Leur première parole est pour remercier le Roi « *du bienfait signalé* » qu'il accorde à ses sujets, et l'on voit aisément à leur langage, dont le respect n'atténue pas la franchise, à quel point *ce bienfait* leur paraissait nécessaire :

« Nous sentons, Sire, et plus vivement que nous ne « pouvons le témoigner, toute l'étendue du bien que va « répandre dans toutes les parties de ce royaume la ré- « génération des Etats Généraux : nous sentons tout « le courage qu'il a fallu à un prince né sur le trône, « élevé dans l'attrait du pouvoir absolu, continuelle- « ment imbu, depuis l'instant de sa naissance, des « maximes de l'autorité arbitraire, pour former la « généreuse résolution de rendre à son peuple l'exercice « de tous ses droits ; nous sentons combien de pré- « jugés il a eu a vaincre, combien d'illusions à écar- « ter, combien d'obstacles de tout genre à surmonter « autour de lui, au dedans de lui, pour reconnaître que « son véritable intérêt souvent opposé à celui de ses « ministres, est essentiellement uni à celui de son peu- « ple et pour briser toutes les barrières qui, depuis « près de deux siècles, séparaient nos monarques de « leur nation.... » (p. 3 et 4)

Ce légitime tribut payé à la reconnaissance, les députés exposent ensuite leurs représentations au Roi.

Analysons-les, si vous le permettez, en empruntant les paroles mêmes du rédacteur.

I. « La patrie en péril penche vers sa ruine... Ce n'est pas un remède momentané qu'il faut apporter à un mal qui menace sans cesse. Les Etats Généraux qui s'assemblent répareront le désordre actuel, mais ils ont à remplir un plus grand devoir, c'est d'opposer au désordre futur un obstacle insurmontable et perpétuel. Cette assurance ne peut-être que l'assurance du retour périodique des Etats généraux, une assurance qui soit à jamais à l'abri et des insinuations subtiles des ministres et des refus absolus des successeurs du Roi... (p. 9 et 10.)

...« Ce n'est que par la concession des Etats Généraux que peuvent désormais être établis les impôts...; le droit d'expliquer la nature, la durée, l'étendue de l'impôt est la conséquence nécesaire de l'octroyer... une autre conséquence est le droit d'ouvrir des emprunts publics ... (p. 26 et 27)

... « Rappelez, sire, parmi nous ce temps heureux, le plus beau, le plus brillant de votre monarchie, où Charlemagne fondait ses lois sur la constitution du roi et le consentement des peuples... (p. 30).

II. « Le temps est arrivé de poser les bases d'une juste répartition de l'impôt entre tous les citoyens. Un cri général s'élève dans toute la monarchie pour réclamer cette précieuse égalité...

« Le Clergé de ce baillage, sans remonter aux titres primitifs de ses immunités fait avec joie le sacrifice de tout ce qui se trouvera incompatible avec le salutaire principe de l'égalité proportionnelle de contribution.

... « La Noblesse de ce district, pénétrée de la même justice, animée du même patriotisme, reconnaît que l'antique raison de ses privilèges ne subsistant plus, ils ont dû cesser avec elle... (p. 46.)

... « Pour assurer la perpétuité de ce principe, il suffit au roi de maintenir avec constance ces deux vues que sa sagesse a déjà manifestées :

« La première est que le Tiers-Etat jouisse dans toutes les assemblées nationales d'un nombre égal à celui des deux autres Ordres, pour qu'il n'en soit pas opprimé ;

» Le second moyen nécessaire, c'est la réforme des contributions elles-mêmes... » ; et, à ce sujet, les cahiers exposent les principes d'après lesquels cette réforme doit être opérée (p. 45 à 54).

III. Abordant ensuite la question des économies et des réformes, les cahiers entrent dans des considérations qui sont de tous les temps, et auxquelles l'histoire du siècle écoulé depuis qu'elles ont été écrites, n'enlève rien de leur vérité. La lecture d'une seule page vous en convaincra :

« Par quelle fatalité, Sire, est-il donc arrivé que ce « soit sous celui de nos monarques qui a porté sur le « trône le caractère le plus simple, les goûts les plus « opposés à la dissipation, les vertus les plus propres « à arrêter les prodigalités, à repousser les profu- « sions, à réprimer les déprédations, que se soit mani- « festé dans les finances un désordre dont l'histoire « d'aucun peuple n'offre l'exemple ? C'est que ces « perfides conseillers qui environnent les trônes, con- « naissent le secret de rendre inutiles les plus belles, « les plus précieuses vertus de leurs souverains. Hélas !

« ils ont même trouvé l'art abominable de faire servir « jusqu'à ces vertus à leurs manœuvres criminelles. « Ils séduisent la bonté par les tableaux touchants du « besoin et de malheurs imaginaires : ils surprennent « la justice par des allégations spécieuses de services, « ou des réclamations insidieuses d'indemnités : ils « égarent la sagesse par des vues artificieuses et des « projets d'utilité apparente ; ces motifs imposants « servent à la fois et de prétexte et de voile à leurs « dissipations : ils dissimulent le vide que causent et « qu'augmentent sans cesse leurs indiscrètes profu- « sions, jusqu'à ce qu'eux-mêmes effrayés, n'envisa- « geant dans l'avenir ni moyen de les continuer, ni « ressources pour les réparer, finissent par découvrir « aux regards du monarque étonné le gouffre qu'ils « ont creusé sous ses pas et où le royaume va s'en- « gloutir. » (p. 54-55.)

Remplacez le mot monarque par celui de peuple, enlevez à certaines phrases ce qu'elles devaient alors exprimer d'élogieuses vérités pour Louis XVI et dites-moi si ce tableau n'est pas encore, hélas! palpitant d'actualité ?

Constatons donc, qu'au moins en 1789, les représentants du pays s'effrayaient des dilapidations financières, des dépenses inutiles et réclamaient d'urgence des économies.

Certes, ils aimaient trop la France pour refuser les dépenses nécessaires et vous me reprocheriez de ne pas vous le prouver, en donnant la publicité qu'elle mérite à une page des cahiers de notre baillage :

« Les départements de la guerre, de la marine et « des affaires étrangères sont encore des objets majeurs « qui fixeront l'attention de l'assemblée nationale.

« Notre premier vœu à cet égard est qu'il ne soit fait « aucun retranchement qui porte sur la force de cet « empire. Environnés de nations puissantes et constam- « ment armées, nous voulons l'être toujours nous- « mêmes ; nous voulons que la France présente de tous « côtés un front menaçant, qui imprime la terreur à « ses voisins et qui repousse jusqu'à l'idée de l'atta- « quer. Elle serait bien contraire aux lois d'une sage « économie, cette parcimonie qui tendrait à laisser « l'Etat sans une défense suffisante ; elle produirait « bientôt l'effet le plus contraire à ses vues ; en don- « nant à nos rivaux les moyens de nous combattre « avec avantage, elle leur en inspirerait la pensée, et « nous précipiterait dans des guerres infiniment plus « onéreuses que les frais médiocres qu'on aurait cru « épargner. Que ces dépenses tutélaires s'étendent « donc aussi loin que les besoins de l'Etat, mais qu'elles « s'arrêtent à ce terme. Conservons à la patrie sa « force, en réformant les abus qui l'énervent. » (p. 58).

Je suis assuré, MM., que ce noble langage de vos pères éveille dans votre âme un écho qui répond à la leur.

IV. Les réformes à introduire dans la procédure criminelle forment le quatrième chapitre de nos cahiers, et ce chapitre mériterait assurément d'être consulté par les législateurs de l'heure présente. Ce qu'il dit de l'emprisonnement préventif, de l'*officier d'instruction trop souvent le maître des dépositions* est loin d'avoir perdu son intérêt.

Si la question préalable et la confiscation des biens des condamnés ne sont plus aujourd'hui que des souvenirs, ne devons-nous pas signaler à l'honneur de nos députés leur énergique protestation contre « ces mo-« numents de l'ancienne barbarie, ce reste de l'avarice « féodale? »

La multiplicité des tribunaux inférieurs par esprit fiscal, les lettres de cachet, les arrêts de surséance, la multiplicité des survivances, — autant de questions traitées, autant d'abus attaqués dans les chapitres 5, 6, 7 et 8. S'ils n'ont plus qu'un intérêt historique, ils manifestent encore quels furent les énergiques défenseurs de ces réformes. J'arrive au chapitre IX, sur les anoblissements.

Jamais la plume de l'éloquent rédacteur de nos *représentations et doléances* n'a été mieux taillée que pour écrire les deux pages de ce chapitre sur la vénalité des titres de noblesse. Ce serait à croire qu'il l'a trempée dans l'écritoire de St-Simon, cet autre duc et pair du siècle précédent, pour flétrir « cette déplorable « institution fiscale qui ose inscrire dans ses tarifs la « plus brillante des distinctions, » et pour supplier le roi de faire disparaître « toute proportion, toute rela-« tion entre l'honneur et l'argent, mettre à la noblesse « son véritable prix afin qu'elle soit toujours le prix « du mérite et des services » (p. 137).

D'autres abus pouvaient être signalés encore, d'autres réformes réclamées, ne fût-ce que la gabelle « qui étend son joug de fer sur presque toutes les provinces et qui pèse plus fortement sur notre malheureuse contrée que sur aucune autre : mais la régénération entière d'un grand royaume n'est pas l'ouvrage d'un seul moment. Les divers intérêts de provinces, d'ordres, de classes, d'individus disparaissent devant l'intérêt public..... « Le malheureux égoïsme qui dans cette crise

« de l'Etat chercherait à s'isoler et à combattre par « son intérêt personnel l'intérêt général, serait non « seulement un sentiment malhonnête et injuste, mais « encore un calcul faux, et qui deviendrait funeste à « lui-même. Les malheurs publics finissent toujours « par retomber avec force sur les particuliers et la « ruine commune écrasera indubitablement ceux qui « l'auront entraînée. »

Cette phrase qui terminait le cahier commun du baillage de Langres était une prophétie ?

Les Etats généraux s'ouvraient à Versailles le 4 mai 1789.

L'heure est venue d'appliquer les principes, de passer de la théorie à la pratique et de réaliser les réformes demandées par la nation. Mais la Révolution, qui se déchaîne, va tout entraver. Ceux qui n'étaient rien hier veulent être tout aujourd'hui (1). Tous les sacrifices des classes privilégiées « sur l'autel de la patrie — comme » on disait alors — au lieu de satisfaire les désirs légitimes de ceux qui arrivaient au pouvoir ne servent qu'à aviver leurs exigences. Les dents du dragon ont été semées par des mains imprudentes ou criminelles sur le sol de la France et ceux qui en naîtront ne feront que s'entretuer les uns les autres. Ce n'est point dans ce sens, je le sais, que Vergniaud et Collot d'Herbois se servaient de cette comparaison mythologique; je la leur emprunte pour résumer ma pensée (2).

(1) « Qu'est-ce que le Tiers-Etat ?
« Rien !
« Que doit-il être ?
« Tout ! » (SIEYÈS.)

(2) Discours de Vergniaud à la Convention et de Collot-d'Herbois aux Jacobins.

Mais sans faire ici l'histoire de la Constituante et de la Révolution, je ne veux que mettre en son jour la sagesse dont Mgr de La Luzerne fit preuve à l'Assemblée.

La confusion des Ordres, l'unité d'Assemblée, le vote par tête, étaient à ses yeux une faute qui devait entraîner la ruine de tout l'ordre politique de la France. « Tout va se perdre! » s'écria-t-il en apprenant cette décision. Pour parer aux malheurs qu'il prévoyait, il proposa deux chambres, à l'exemple de l'Angleterre. L'une aurait réuni les députés de la Noblesse et du Clergé, l'autre les députés du Tiers-Etat. La conservation et le progrès auraient eu ainsi tous leurs intérêts représentés et défendus. Lally-Tollendal, Mounier et les plus sages parmi les représentants pensaient et parlaient comme l'Evêque de Langres. Mais il est des heures troubles et funestes où la raison a tort devant la passion. La proposition de Mgr de la Luzerne ne fut pas acceptée.

Soit au sein du comité de Constitution, soit à la tribune de l'Assemblée, le noble Evêque ne s'opposa pas avec moins d'énergie à la déclaration des *Droits de l'homme*.

« Dans la pensée de ceux qui la proposaient, les « Droits de l'homme étaient la négation de la société « chrétienne, telle qu'on l'avait comprise depuis dix « huit siècles. »

Ce jugement, si bien formulé hier même (1) par le nouveau Cardinal de Paris, était déjà celui de

(1) Mandement de S. E. le Cardinal Richard pour le Sacré-Cœur (mai 1889).

Mgr de La Luzerne. Il doit être la conviction des esprits éclairés par un siècle de vicissitudes, qui reconnaissent enfin que Dieu seul peut servir de fondement aux sociétés.

Mgr de la Luzerne n'était pas seul à lutter à l'Assemblée contre cette déchéance qu'on voulait imposer à Dieu par la négation de ses droits ; et, sa parole menaçant d'obtenir une majorité, ses adversaires crurent qu'il fallait Mirabeau lui-même pour le combattre. Le tribun triompha de l'Evêque, qui défendit encore avec autorité, mais sans succès, le droit de propriété ecclésiastique.

Une fois de plus la raison eut tort devant la passion.

Si l'Assemblée se refusait à écouter les avertissements de Mgr de La Luzerne, elle ne lui refusait pourtant pas l'estime pour son talent et le respect pour son caractère. Elle le lui prouva en le choisissant avec Tronchet et Mirabeau comme l'un des cinq membres du comité chargé de revoir les plans de constitution, et le 31 août elle le nomma son président par 499 voix contre 328 accordées au trop célèbre Evêque d'Autun. Le *Moniteur* constate les applaudissements qui accueillirent cette nomination.

Permettez-moi de vous signaler, en passant, un incident de cette présidence. Des « citoyennes » vinrent un jour, à la barre de l'Assemblée, offrir leurs bijoux à la patrie. Un député du nom de Bouche parla pour elles ; le Président leur répondit en gentilhomme et en Evêque : « vous serez plus ornées de vos vertus et de vos privations — leur dit-il entr'autres choses —

que des bijoux dont vous venez de faire le sacrifice à la patrie. »

Offrandes et discours furent applaudis ; vous le pensez bien.

A l'expiration de sa présidence, et redevenu simple député, Mgr de La Luzerne signala encore deux fois sa parole : la première, en faisant écarter de la délibération, comme inutile et dangereuse, la question de la successibilité au trône de France de la branche des Bourbons d'Espagne ; — la seconde, en essayant, mais vainement, de défendre les prérogatives royales contre une Assemblée qui déjà se déclarait souveraine et voulait que tout émanât d'elle.

Après les 5 et 6 octobre, il quitta définitivement l'Assemblée où il sentait sa bonne volonté désormais absolument impuissante.

Ces néfastes journées justifiaient ce que, dès le 6 septembre, l'Evêque de Langres écrivait au clergé de son diocèse :

« Ces temps si désirés par la nation, destinés à voir « ses représentants élever les bases de la prospérité « publique étaient donc réservés en même temps au « spectacle désolant de maux qui préparent la chûte des « Empires. Des hommes *pestilentiels*, comme les ap- « pelle le Sage, se sont plu à répandre le trouble et l'a- « narchie ; ils ont, de leur bouche impure, soufflé le « feu de la sédition et allumé la soif du sang... »

« Tout va se perdre ! » — avait dit Mgr de La Luzerne il y a quelques mois à peine.

« Tout est perdu ! » — pouvait-il dire aujourd'hui.

La constitution qu'allait voter l'Assemblée ne devait pas sauver la France, cette constitution que Taine apprécie en disant qu'elle était « le chef-d'œuvre de la raison spéculative et de la déraison pratique » (1).

Si la carrière politique de Mgr de La Luzerne était finie, son devoir d'Evêque ne l'était pas. Il fut au premier rang pour combattre la Constitution civile du clergé. Intrépide dans sa foi, rempli de charité pour les âmes, il mérita d'être condamné à voir lacérer et brûler par la main du bourreau son *Examen de l'instruction de l'Assemblée nationale sur l'organisation civile du clergé*. Brûlé lui-même en effigie, menacé dans sa liberté, dans sa vie, il ne voulut pas compromettre les courageux citoyens de Langres qui avaient juré de défendre leur Evêque au péril de leurs jours. Le 24 mars 1791, il se résignait à partir pour l'exil, échappant par un déguisement, et en marchant à pied à côté de sa voiture, aux dangers qui le menaçaient encore (2).

Le lendemain de son départ, on trouva sur son bureau deux strophes de vers où se révèle son âme :

« Ou le serment ou l'indigence :
Mon cœur pourrais-tu balancer ?
Adieu pour toujours, opulence,
De toi je saurai me passer.
La barque, sans être dorée,
Ne vogue-t-elle pas au port ?
Par les revers l'âme épurée
Vole au ciel avec moins d'effort.

(1) Taine, *La Révolution*, 1er vol. p. 279.

(2) Il doit être permis à l'auteur de ces lignes de citer en note le nom de Madame Defay, aïeule de sa famille, qui avait pris à son nom la lettre de voiture de l'Evêque. Ce n'est pas d'ailleurs la seule fois qu'elle se compromit pendant la Terreur.

Autour de moi l'onde écumante
Fait gronder ses flots mugissants;
Calme, je ris de la tourmente
Et de ses efforts impuissants.
O mer! fonds sur moi toute entière,
Tu ne pourras pas m'engloutir;
Je suis sur la barque de Pierre :
Elle ne doit jamais périr.

L'exil de Mgr de La Luzerne dura 23 ans, pendant lesquels il sut ennoblir encore la Croix qu'il portait dans ses armes de famille.

Au premier désir du Souverain Pontife, il ne recula pas devant le plus douloureux des sacrifices : il se démit entre ses mains de son cher Evêché de Langres pour faciliter le Concordat de 1802. S'il ne rentrait pas en France, il n'abdiquait pas le devoir de lutter pour l'Eglise, de parler pour elle, et comme l'a si bien dit le moine le plus éloquent du XIXe siècle, « de semer l'Evangile dans les malheurs publics » (1).

Mgr de La Luzerne revint en France avec les Bourbons.

L'année 1817 lui vit rendre par le Souverain Pontife son cher Evêché, qu'un nouveau concordat venait de rétablir. L'Eglise de Langres avait été l'épouse de sa jeunesse ; il lui était resté fidèle : « il l'avait eue riche, il voulut l'avoir pauvre. » Ce mot le peint tout entier.

Un mois auparavant, en 1817, à la demande du Roi, le Pape le nommait cardinal : « La pourpre romaine

(1) Lacordaire, 60e conférence.

« seyait bien à celui qui, comme S. Paul dans les « liens, a employé le temps de son exil à consoler les « fidèles. »

Ce sont les paroles de Louis XVIII remettant au nouveau Cardinal, à l'ancien duc et pair de la vieille Monarchie, les insignes des Princes de l'Eglise.

Depuis lors, nommé de nouveau duc et pair de France, ministre d'Etat, le Cardinal de La Luzerne signala sa verte vieillesse par ses travaux à la Chambre et au Conseil privé, et jusqu'au bout se servit d'un talent que respectaient les années pour écrire dans le *Conservateur* avec Bonald et Chateaubriand. Aussi peut-on dire que la mort le trouva debout quand elle le frappa le 21 juin 1821. Il rendait à Dieu une âme qui n'avait vécu ici-bas que pour l'aimer et le faire connaître.

C'est à Paris, dans l'église des Carmes, à quelques pas de la chapelle des victimes de Septembre que repose le corps de ce confesseur de la foi.

Ainsi la Providence a réuni là les plus illustres témoins de la Révolution, les martyrs du sang et les martyrs de la vérité.

Qu'ils y reposent en paix dans leur victoire contre le mal, et qu'ils nous obtiennent de voir bientôt, bientôt ! la déclaration des Droits de Dieu rendre enfin la sécurité à notre patrie bien-aimée !

J'aurais aimé, Monseigneur, à parler davantage de celui dont on peut dire avec vérité qu'il a été un de vos prédécesseurs, puisque vous avez trouvé une partie de son héritage dans votre patrimoine. J'en ai dit assez cependant, je l'espère, pour prouver à tous que le Cardinal de La Luzerne a été un grand Evêque et un grand citoyen.

La race n'en est pas perdue, grâce à Dieu! et nous voyons, tous les jours, que l'Eglise de France sait trouver dans les rangs de ses évêques et de ses prêtres des citoyens dévoués à la patrie, des martyrs qui savent mourir « pour le bon Dieu! » (1) Il ne serait pas permis à un compatriote de Mgr Darboy, qui fut aussi l'ami de sa jeunesse, d'oublier de constater ici cette tradition du dévouement jusqu'au sacrifice. C'est la gloire de notre Eglise et de notre pays.

(1) Paroles du R. P. Captier, l'un des martyrs d'Arcueil en 1871.

Troyes, 5 juin 1889.

LANGRES. — IMP. RALLET-BIDEAUD.

www.ingramcontent.com/pod-product-compliance
Ingram Content Group UK Ltd.
Pitfield, Milton Keynes, MK11 3LW, UK
UKHW020541180726
13839UKWH00006B/2643